Julia Niepmann

Laubsägearbeiten Advent und Weihnachten

Julia Niepmann

Laubsägearbeiten Advent und Weihnachten

Festlich und farbenfroh
Mit Vorlagenbogen

AUGUSTUS

Inhalt

Ein Wort zuvor 5

Allgemeine Arbeitshinweise 6
Das Übertragen der Vorlagen 6
Das richtige Holz 7
Die Holzbearbeitung 7
Der Maltisch 8
Die Bemalung 9
Die Fertigstellung 10

Materialkunde 11
Werkzeuge 11
Farben 12
Pinsel 14

Winter- und Weihnachtsgalerie 16
Adventsgesteck mit vier Kerzen 17
Adventskalender 18
Nikolaus & Co. 21
Sternenhimmel 22
Tannenhain 24
Nikolaus mit Rute 25
Schneeflocken 26
Schneemänner 28
Rauscheengel 30
Die Weihnachtskrippe 32
Fliegende Engelein 36
Nußknacker 38
Nußknackerkönig 40
Weihnachtskater 42
Schaukelpferdchen 44
Kerzen mit Sternen 46

Impressum 48

Ein Wort zuvor

Weihnachtszeit – Bastelzeit!

Die Tage werden kürzer, die gemütlichen Abende dafür länger. Endlich ist Zeit, sich dem einen oder anderen Hobby zu widmen. Versuchen Sie es doch einmal mit Pinsel und Farben! Um die bunten Weihnachtsdekorationen in diesem Buch nachzuarbeiten, müssen Sie nicht Picasso sein. Allerdings heißt es, den Umgang mit einer Säge zu üben, denn alle Objekte müssen vor dem Bemalen ausgesägt werden. Aber vielleicht bietet sich hier eine geschickte Aufgabenteilung mit dem Partner, mit Freunden oder dem handwerklich begabten Schwiegervater an!?

Ob allein oder »im Team« – auf jeden Fall werden Sie viel Freude an der Arbeit haben und sicher auch die entsprechende Anerkennung ernten – dann nämlich, wenn eine Schachtel mit Ihrem selbstgemachten Geschenk unter dem Weihnachtsbaum steht…

Viel Spaß beim Gestalten wünscht Ihnen

Julia Niepmann

Allgemeine Arbeitshinweise

Das Übertragen der Vorlagen

Nehmen Sie den Vorlagenbogen zur Hand und suchen Sie die Vorlage zu Ihrem Wunschmodell heraus. Legen Sie ein Blatt Transparentpapier über die Vorlage und ziehen Sie mit einem weichen Bleistift alle Konturen und Linien nach.

Nun drehen Sie die Kopie um und fahren auf der Rückseite nochmals mit dem Bleistift über alle Linien. Mit Hilfe dieser Kopie auf Transparentpapier können Sie die Vorlage auf Holz übertragen.

Die Anfertigung einer solchen Vorlage ist ein stets notwendiger Arbeitsschritt, egal welches Modell Sie nacharbeiten wollen.

Tip

Wenn Sie ein Modell in der Größe variieren möchten, können Sie die Vorlage mit einem Kopiergerät vergrößern oder verkleinern.

Legen Sie die Vorlagenkopie auf das Holz. Sie wird so plaziert, daß sich keine Astlöcher oder sonstige Unebenheiten in Ihrem Modell befinden. Die Holzmaserung sollte von unten nach oben verlaufen.

Fahren Sie mit Ihrem Bleistift unter leichtem Druck den Umriß des Modells nach. Möchten Sie, daß ein dunklerer Strich auf dem Holz erscheint, können Sie auch Kohlepapier verwenden, das Sie vor dem Übertragen einfach zwischen Transparentpapier und Holz legen. Achten Sie darauf, daß die Vorlage dabei nicht verrutscht. Hat ein Modell tiefe, schmale Einbuchtungen, die sich schwer sägen lassen, so kann man diese Abschnitte abrunden (siehe Abbildung Seite 30).

Die Innenlinien des Modells werden erst vor dem Bemalen des Werkstücks auf das Holz übertragen.

Das richtige Holz

Verwenden Sie – sofern in der Bastelanleitung nicht anders angegeben – für alle Modelle Fichtenleimholz. Dieses Material ist im Baumarkt in verschiedenen Abmessungen und Qualitäten erhältlich. Günstig in der Handhabung sind Bretter mit 18 mm Dicke, 80 cm Länge und 20 cm Breite.

Die Holzbearbeitung

Sägen Sie das Modell mit der Säge Ihrer Wahl aus. Die notwendigen Informationen zum Thema »Sägen« finden Sie auf Seite 11. Anschließend feilen Sie Unebenheiten an Ihrem Werkstück weg und schleifen es mit Schleifpapier rundum glatt. Wichtige Hinweise zu Feile und Schleifpapier finden Sie auf Seite 12. Mit einer Staubbürste stauben Sie das Werkstück sorgfältig ab.

Wenn das Modell auf einem Rundstab mit Fuß stehen soll, müssen Sie jetzt an der Unterseite noch ein Loch

bohren. Der Holzbohrer muß dem Durchmesser des Stabes entsprechen (siehe auch Seite 10). Längen Sie den passenden Rundstab dazu gleich ab und sägen Sie einen Fuß aus Kantholz oder von einer Holzlatte zurecht (siehe Seite 11). Soll Ihre Dekoration nur auf einem Brettchen stehen, sägen Sie auch dieses mit den angegebenen Maßen aus dünnem Sperrholz zu (siehe Seite 11).

Der Maltisch

Suchen Sie sich ein ruhiges Plätzchen in Ihrer Wohnung und präparieren Sie den Maltisch mit folgenden Materialien:

Packpapier
oder anderes unbedrucktes Papier zum Abdecken der Tischfläche

Lappen
aus Baumwolle; bestens geeignet ist alter Sweatshirtstoff. Hierauf werden die Pinsel abgelegt. Zusätzlich dienen Lappen aus Baumwolljersey (T-Shirtstoff) zum Abwischen von Farbe.

Vier Gläser
mit sauberem Wasser für schwarze Farbe, weiße Farbe, blaue und grüne sowie für gelbe und rote Farbe

Fön
zum schnellen Trocknen der Farben

Palette
aus Kunststoff oder mehrere kleine Metalldeckel von Vakuumgläsern

Pappe
mit weißer Dispersionsfarbe grundiert, die Sie zum Testen der bunten Farben verwenden.

Pinsel
Lesen Sie dazu Seite 14/15.

Farben
Lesen Sie dazu Seite 12/13.

Licht
Sorgen Sie für eine gute Beleuchtung Ihres Maltisches.

Außerdem halten Sie die Vorlagenkopie, Bleistift und Radiergummi griffbereit.

Die Bemalung

Vorarbeiten
Übertragen Sie mit Hilfe der Vorlagenkopie die Innenkonturen und -linien auf Ihr ausgesägtes Werkstück, indem Sie die Vorlagenkopie auf das Holz legen und mit dem Bleistift alle Linien nachfahren.

Bevor Sie mit der Bemalung beginnen, sollten Sie das Kapitel Farben (siehe Seite 12) sowie das Kapitel Pinsel (siehe Seite 14) in Ruhe durchlesen. Wie die Modelle im einzelnen bemalt werden, entnehmen Sie der jeweiligen Anleitung. Auch am Foto läßt sich die Bemalung leicht nachvollziehen.

Grundieren und Lackieren
Nach dem Kopieren der Innenlinien wird die gesamte Vorderseite des Objekts mit weißer Dispersionsfarbe grundiert.

Tip

Falls Sie manche Linien nach dem Grundieren nicht mehr ausreichend erkennen können, zeichnen Sie diese noch einmal leicht nach.

Es folgt die Bemalung in bunten Farben, und anschließend überziehen Sie die Fläche mit Klarlack. Man verwendet dafür Acryl-Parkett- oder -Siegellack seidenmatt. Durch die Lackschicht werden die Farben noch leuchtender und sind außerdem vor mechanischer Abnutzung geschützt.

Ist der Lacküberzug trocken, streichen Sie die Sägeflächen mit schwarzer Dispersionsfarbe. Sparen Sie dabei nicht an Farbe, da diese auf den rauhen Flächen schnell einzieht. Beim Trocknen richten sich die Holzfasern auf und lassen helle Stellen aufblitzen. Malen Sie an diesen Stellen nach.

Zum Schluß wird die Rückseite zweimal schwarz bemalt.

Tip

Achtung, mit der schwarzen Dispersionsfarbe nicht die Vorderseite beklecksen! Wenn Sie mit dem Pinsel doch einmal ausrutschen, kann die frische Farbe noch mit einem Lappen entfernt werden.

Haben Sie das Gefühl, daß Ihnen die Farben und Linien nicht so gelungen sind, wie Sie sich das eigentlich vorgestellt hatten? Kein Problem! Einfach die Oberfläche etwas abschleifen, mit Weiß grundieren, die Umrisse neu kopieren, und schon beginnt zum zweiten Mal das Bemalen. Alternativ können Sie Ihr Werkstück auch umdrehen und die Rückseite bemalen; das Motiv erscheint dann zwar spiegelbildlich, aber das weiß außer Ihnen keiner.

Die Fertigstellung

Die fertigen Laubsägearbeiten können Sie in Ihrer Wohnung einfach liegend auf einer niedrigen Ablage, der Kommode, dem Fensterbrett oder an einer anderen Stelle plazieren. Damit das Objekt die Auflagefläche nicht verkratzt, ist es vorteilhaft, auf der Rückseite kleine aus Filz ausgestanzte Scheiben aufzukleben.

Sie können die Laubsägearbeiten aber auch auf Rundstäbe stecken und das Ganze auf einen Fuß stellen. Rundstäbe aus Stahl gibt es im Baumarkt oder beim Schlosser. Geeignet sind 3 mm, 4 mm und 6 mm dicke Stäbe. Der Schlosser fertigt die Stäbe nach Ihren Wünschen an. Sie selbst können dafür eine kleine Bügelsäge mit

Metallsägeblatt oder einen Trennschleifer benutzen. Feilen Sie die Enden der Rundstäbe glatt, damit sie sich besser ins Holz stecken lassen. Rundstäbe aus Holz finden Sie in vielen Variationen im Baumarkt. Je nach Modell können Sie die Holzstäbe auch schwarz oder bunt bemalen.

Im Baumarkt können Sie für den hölzernen Fuß Latten oder Kanthölzer in den unterschiedlichsten Längen, Breiten und Höhen erwerben. Sofern in den Modellanleitungen nicht anders vorgesehen, sägen Sie jeweils so viel von der Latte ab, daß ein quadratischer Fuß entsteht.

Beispiel:
Sie haben eine Latte mit den Maßen 4,5 x 2,5 cm, in beliebiger Länge. Markieren Sie eine Linie in 4,5 cm Abstand parallel zum Ende der Latte und sägen Sie an dieser Linie entlang ab. Nun feilen und schleifen Sie alle Flächen und zeichnen mit einem Lineal zwei Diagonalen (von Ecke zu Ecke) auf das Holzblöckchen.

Bohren Sie im Schnittpunkt der Linien ein senkrechtes Loch. Wählen Sie hierfür einen Holzbohrer in der gleichen Stärke wie der vorbereitete Rundstab und malen Sie dann den Fuß schwarz an.

Wenn Sie Ihr Werkstück zur Zierde einfach in Blumentöpfe oder in mit Sand gefüllte Vasen stecken wollen, benötigen Sie keinen Fuß, sondern lediglich einen Spieß aus Holz oder Metall.

Eine weitere Möglichkeit besteht darin, die Dekorationen auf Sperrholzbrettchen zu montieren. Sperrholz bekommen Sie im Baumarkt. Die vorgestellten Modelle stehen meist auf 2 bis 3 mm dünnen Brettchen. Sägen Sie die Quadrate, Kreise oder Rechtecke in den angegebenen Größen zu und malen Sie sie schwarz an. Die Brettchen werden mit der Klebepistole oder mit Alleskleber am Objekt befestigt.

Tip

Das Holz von Obstkisten ist eine besonders preiswerte Variante für den Standfuß.

Schließlich können Sie die Objekte auch an die Wand hängen. Dazu bohren Sie an der Rückseite im oberen Drittel mittig ein etwa 1 cm tiefes Loch. Der Bohrer sollte 3 oder 4 mm dick sein. Schlagen Sie einen kurzen, 2 cm langen Stahlnagel in die Wand und befestigen Sie das Objekt daran.

Materialkunde

Werkzeuge

Laubsäge
Die Laubsäge ist mit ihrem langen Bügel besonders für weitreichende und kurvige Schnitte geeignet. Die Säge wird im rechten Winkel zum Holz ständig auf und ab bewegt. Das sehr dünne Sägeblatt ermöglicht auch engste Kurvenschnitte, wobei man das Holz gegen die Säge führt. Benutzen Sie stets scharfe Sägeblätter. Für lange, gerade Schnitte ist die Laubsäge nicht geeignet.

Stichsäge
Um die vorgestellten Modelle mit dieser Säge aussägen zu können, brauchen Sie ein Sägeblatt für Kurvenschnitte in Holz. Sägeblätter werden schnell stumpf oder brechen manchmal ab. Damit Sie immer saubere Schnitte ausführen können, sollten Sie sich frühzeitig Ersatz besorgen. Im Baumarkt gibt es spezielle Sägetische für Stichsägen, die aus Ihrer Stichsäge eine Art Laubsäge bzw. Dekupiersäge machen.

Bügelsäge
Die kleine Bügelsäge hat ein breites Sägeblatt. Sie eignet sich für kurze und gerade Schnitte. Kanthölzer und Latten, die hier für die Objektfüße gebraucht werden, lassen sich mit ihr gut sägen. Spannen Sie das Werkstück vor dem Sägen mit einer Zwinge fest.

Dekupiersäge
Die Dekupiersäge ist eine Art elektrische Laubsäge. Es lassen sich sowohl schmale Laubsägeblätter als auch breitere Blätter für gerade Schnitte einspannen. Die Dekupiersäge ist unbestritten das komfortabelste Werkzeug zum Sägen der Modelle in diesem Buch.

Holzfeile
Sie benötigen eine halbrunde, feine Feile, um Ecken und Winkel nachzuarbeiten und die Sägeflächen zu glätten.

Schleifblock
Ein Schleifblock besteht aus Kork oder Kunststoff. Auf geraden Oberflächen ermöglicht er einen Feinschliff.

Schleifpapier
Sie benötigen Körnung 80 (mittel) für die Sägeflächen und Körnung 120 (fein) für die Oberflächen.

Bohrmaschine
Hier genügt ein einfaches Modell mit den entsprechenden Holzbohrern. Natürlich können Sie auch einen Handbohrer verwenden. Beim Bohren ist das feste Einspannen des Werkstücks wichtig.

Staubbürste
Die Bürste wird zum Entstauben des Werkstücks verwendet.

Farben

Für die Bemalung der Sägeflächen und Rückseiten der Modelle benötigen Sie schwarze Dispersionsfarbe, zum Grundieren der Vorderseiten weiße Dispersionsfarbe. Diese Farben können Sie von verschiedenen Herstellern im Baumarkt kaufen.

Tip

Beschichten Sie eine Pappe mit weißer Dispersionsfarbe und benutzen Sie diese Fläche als Farbtestfeld.

Die mit weißer Dispersionsfarbe grundierten Vorderseiten werden anschließend mit Acrylfarbe bunt weiterbemalt. Acrylfarben von den verschiedensten Herstellern (z. B. Schmincke, Lukas, Aquatec, Daler-Rowney, Van Gogh u. a.) sind als Tubenfarbe im Bastelladen oder beim Künstlerbedarf erhältlich.

Die Abbildung zeigt eine elektrische Laubsäge (Dekupiersäge), eine Stichsäge und eine Bohrmaschine.

In der Anleitung sind die Farben jeweils nur mit einem Farbnamen angegeben. Die verschiedenen Farbenhersteller benennen gleiche Farbtöne oft unterschiedlich, aber mit ähnlichen Namen. Vergleichen Sie beim Einkauf anhand der stets ausliegenden Farbkarten und suchen Sie so die passenden Farbtöne heraus.

Die einzelnen Farbtöne haben unterschiedliche Deckkraft, was Sie beim Malen beachten müssen. Angaben hierzu finden Sie auf der Tube oder in der Farbkarte.

■ Deckende Acrylfarben
Schon bei einmaligem Auftragen überdeckt die Farbe den Untergrund. Eine Nuancierung ist nur durch Zumischen anderer Farben möglich.

◩ Halbdeckende Acrylfarben
Sie lassen den Untergrund schon mehr durchscheinen. Bei mehrmaligem Auftragen entsteht eine volle Farbe.

◪ Halblasierende Acrylfarben
Die Farbtöne legen sich, ähnlich wie bei Aquarellfarben, fast transparent auf den Untergrund. Malen Sie ein lasierendes Blau über eine gelbe Fläche, wird ein durchscheinendes Grün sichtbar.

□ Lasierende Acrylfarben
Das sind sehr transparente Farben. Malt man sie vielfach übereinander oder über andere Farben, entstehen unendlich viele Farbnuancen, auch wenn keine anderen Farbtöne zugemischt werden.

Maltechnisch sind die deckenden Farben am einfachsten zu verwenden. Sie lassen sich auch auf größeren Flächen so verteilen, daß ein gleichmäßiges Erscheinungsbild erzielt wird. Schwieriger ist der Gebrauch der lasierenden Farben: Für einen homogenen Farbauftrag müssen Sie die zu bemalende Fläche gleichmäßig mit Wasser vorfeuchten. Die wäßrig angemischte Farbe läßt sich dann leichter auf der Fläche verteilen. Dies gilt auch für kleinste Flächen.
Vermalen Sie die Farben immer in einer Richtung und setzen Sie, wie bei einem Zebrastreifen, eine Bahn an die andere. Den Farbauftrag wiederholen Sie vor allem bei lasierenden Farben so oft, bis die gewünschte Farbstärke erreicht ist. Jede Schicht muß vollständig trocken sein, bevor man erneut Farbe aufbringen kann. Beschleunigen Sie die Trocknung mit einem Fön.

Ist durch die Bemalung eine Kontur unkenntlich geworden, kopieren Sie die fehlenden Linien mit Hilfe der Vorlagenkopie neu oder zeichnen sie mit Bleistift freihändig ein.

Mischen von Acrylfarben

Alle Acrylfarben sind untereinander mischbar. Für die Bemalung der Modelle ist meist nur wenig Farbe notwendig. Malanfänger neigen dazu, zuviel Farbe auf die Palette zu geben. Die überschüssige Farbe ist bedingt durch die schnelle Trocknung dann leider verdorben. Drücken Sie jeweils nur einen Farbstrang in der angegebenen Millimeter-Länge aus der Tube in eine Mulde Ihrer Palette. Die Angaben sind natürlich nur Richtwerte. Soll eine andere Farbe dazugemischt werden, setzen Sie den Farbstrang in eine zweite Mulde und mischen ihn langsam zur Grundfarbe hinzu, bis der gewünschte Farbton erreicht ist.

Reicht eine Mischung zum Bemalen einer Fläche nicht aus, müssen Sie diese noch einmal herstellen. Meist gelingt es nicht, genau den gleichen Farbton ein zweites Mal anzumischen. Legen Sie deshalb mit der zweiten Mischung zum Abschluß eine Schicht über die gesamte Fläche, um ein gleichmäßiges Farbbild zu erzielen.

Farbkonsistenzen

Die cremeartigen Acrylfarben müssen vor dem Vermalen mit Wasser aufgerührt werden. Ich unterscheide drei Farbkonsistenzen, die Sie in der Malanleitung wiederfinden:

Cremig
Rühren Sie den Farbstrang mit sehr wenig Wasser geschmeidig.

Flüssig
Verdünnen Sie den Farbstrang mit soviel Wasser, daß die Farbe leicht aus dem Pinsel fließen kann.

Wäßrig
Lösen Sie nur wenige Pigmente in Wasser auf und rühren Sie die Farbe vor dem Vermalen immer gut mit dem Pinsel auf.

Achtung

Acrylfarben trocknen sehr schnell! Decken Sie, solange Sie malen, Farben und Farbreste auf der Palette mit einem Tropfen Wasser ab und schließen Sie die Tuben gleich nach Gebrauch.

Patina legen

Einige der vorgestellten Modelle sind mit Patina belegt. Dies geschieht, um die Farben zu dämpfen und einen leicht antiken Charakter zu erzielen.

Mischen Sie für eine Patina jeweils 2 mm Schwarz, Indigo und Vandyckbraun zu einer sehr wäßrigen, dunklen Flüssigkeit. Testen und üben Sie damit auf Ihrer Testpappe. Es darf nur ein Schleier zurückbleiben.

Die gesamte Fläche mit einem Lappen aus Baumwolljersey und sauberem Wasser anfeuchten. Anschließend streichen Sie die Patina schnell mit dem Pinsel Hobby 16 auf. Warten Sie, bis die dünne Farbschicht leicht antrocknet, dann wischen Sie mit dem Lappen die ganze Fläche ab.

Patina hat so seine Tücken – schnell wird das ganze Bild zu dunkel. Wiederholen Sie den Vorgang lieber ein- oder mehrmals mit sehr dünner Farbe, um Ihre Arbeit nicht durch einen zu dunklen Erstauftrag zu verderben.

Je nach Farbgebung Ihres Bildes können Sie die Patina auch mehr grünlich oder rötlich einfärben.

Konturen einzeichnen

Viele Modelle sind mit schwarzen Konturen versehen. Diese werden mit Feder, Federhalter und schwarzer Tusche aufgezeichnet. Echte Chinatusche ist nach dem Trocknen wasserfest, deshalb kann man sie schadlos mit Lack übermalen. Achten Sie beim Einkauf auf diese Eigenschaft.

Abdecken mit Rubbelkrepp

Zum Abdecken von Flächen, die man vorerst nicht bemalen möchte, wird eine gummiartige Flüssigkeit benutzt, die man als »Rubbelkrepp« im Bastelladen kaufen kann. In der Malanleitung sind jeweils die Flächen angegeben, die Sie mit Krepp abdecken sollen. Verwenden Sie dazu einen alten, dünnen und spitzen Pinsel, den Sie vorher in Wasser anfeuchten. Nach dem Malen müssen Sie den Pinsel sofort auswaschen.

Ist der Krepp getrocknet, beginnen Sie mit dem Farbauftrag. Dabei können Sie bedenkenlos die gummierten Flächen überstreichen. Mit den Fingern oder mit einem transparenten Radiergummi läßt sich der Rubbelkrepp danach wieder »abrubbeln«. Haben Sie vergessen, eine Fläche abzudecken, und diese bereits farbig übermalt, müssen Sie diesen Bereich wieder mit weißer Farbe grundieren.

Pinsel

Sie benötigen ein kleines Pinselsortiment:

da Vinci JUNIOR SYNTHETICS Nr. 1, 2, 4 und 6
Diese Rundpinsel eignen sich zum Bemalen kleinerer Flächen und zum Aufbringen sehr feiner Linien.

da Vinci HOBBY 120 Nr. 8 und 16
Mit diesen flachen und breiten Pinseln lassen sich größere Flächen bemalen.

da Vinci SYNTHETICS Borstenpinsel Nr. 8
Der Synthetik-Pinsel eignet sich besonders gut zum Bemalen der Sägeflächen.

Selbstverständlich können Sie auch jede andere Pinselmarke verwenden. Die Qualität sollte jedoch die gleiche sein, denn selbst der geschickteste Maler kann nicht mit einem schlechten Pinsel arbeiten.

Gute Pinsel sind teuer und bedürfen besonderer Pflege, damit sie lange malfähig bleiben. Mit Acrylfarben eingetrocknete Pinsel können Sie nur noch wegwerfen. Lassen Sie aus diesem Grund einen Pinsel nie mit Farbe liegen, sondern stellen Sie ihn immer gleich ins Wasser. Und bevor Sie einen Pinsel in Farbe tauchen, feuchten Sie ihn gründlich in sauberem Wasser an.

Auch bei sorgfältigem Ausspülen setzen sich am Übergang zur Metallbanderole häufig Farbreste in den Haaren fest. Mit der Zeit verliert der Pinsel dadurch seine Spitze, weil die Farbe die einzelnen Pinselhaare auseinander drückt. Pflegen Sie deshalb alle benutzten Pinsel nach dem Malen folgendermaßen:
Die Pinselspitze mit Daumen und Zeigefinger gut festhalten und den Pinsel am Stiel kräftig hin und her drehen. Flachpinsel werden vor- und zurückgebogen. Spülen Sie die Pinsel während dieser Behandlung mehrfach mit Wasser aus.

Mit einer Drahtbürste bürsten Sie dann den Pinsel vom Metall zur Spitze hin aus. Die Metallbanderole sollte immer farbfrei sein.

So wird's gemacht

Hier noch einmal als Zusammenfassung die wichtigsten Arbeitsschritte, die – sofern nicht anders angegeben – bei jedem Modell ausgeführt werden müssen.

- ✔ Anfertigen einer Vorlagenkopie
- ✔ Übertragen auf das Holz
- ✔ Aussägen, Schleifen und Entstauben des Objektes
- ✔ Übertragen der Innenlinien
- ✔ Grundieren der zu bemalenden Fläche mit weißer Dispersionsfarbe
- ✔ Bemalung mit Acrylfarben (alle Farben sind mit Namen aufgeführt)
- ✔ Überziehen der bemalten Flächen mit Acryl-Parkett- oder -Siegellack seidenmatt
- ✔ Bemalen der Sägeflächen und Rückseiten mit schwarzer Dispersionsfarbe
- ✔ Fertigstellung: Zusammenbau und Präsentation der Objekte als liegende Dekoration, an der Wand, mit Hilfe eines Rundstabes usw.

Winter- und Weihnachtsgalerie

Adventsgesteck mit vier Kerzen

Erst eins, dann zwei, dann drei, dann vier, dann steht das Christkind vor der Tür! Dieser Adventskranz läßt sich jedes Jahr anders dekorieren.

Material und Vorbereitung

Für den Ständer mit den 3 Kerzen sägen Sie ein 25 x 25 cm großes Quadrat zurecht, das Sie diagonal in zwei gleich große Dreiecke teilen. Für den Einzelständer zwei Dreiecke laut Vorlage aussägen. Insgesamt sind die Ständer mit acht Sternen ausgestattet, die aus 8 mm dickem Sperrholz zugesägt werden. Zwischen den beiden Dreiecken liegen jeweils 3,4 x 3,4 cm große Kanthölzer in folgenden Längen: zweimal 6 cm, einmal 11 cm und einmal 15 cm. Damit man später Tannenreis oder Zweige von der Seite einstecken kann, werden die Kanthölzer mit einem 10 mm-Holzbohrer mehrfach durchbohrt. Auf eine Stirnseite bohren Sie in den Mittelpunkt jeweils ein 5 mm tiefes Loch und stecken einen kleinen Holzdübel oder ein 3 cm langes Rundholz ein. Dies ist der Sporn für die Kerzen.

Farben

- ✔ Silber
- ✔ Phthaloblau
- ✔ Preußischblau

Bemalung

Mischen Sie zu 10 mm Silber 8 mm Phthaloblau und 2 mm Preußischblau hinzu. Die Mischung soll sehr flüssig sein. Damit die Vorderseiten der Dreiecke mehrfach lasieren.

Übertragen Sie die drei Sternchen von der Vorlage auf einen dünnen Karton und schneiden Sie sie mit einem Papiermesser (Cutter) aus. Mit diesen Sternchenschablonen und einem spitzen Bleistift können Sie jetzt beliebig viele Sterne auf das Werkstück übertragen und sie dann mit Silber ausmalen. Rühren Sie eine Pinselspitze Phthaloblau wäßrig an und malen Sie um jedes Sternchen einen Kreis.

Die acht Holzsterne werden zweimal mit Silber bemalt.

Fertigstellen

Mit der Klebepistole oder mit Alleskleber die rundum schwarz gefärbten Kanthölzer laut Vorlage zwischen die Dreiecke kleben. Genauso werden die Holzsterne auf den Vorderseiten der Ständer befestigt.

Tip

Der Klebstoff aus der Klebepistole muß richtig heiß sein, damit die notwendige Haftung gewährleistet ist. Sollte einmal die Temperatur nicht ausreichen, können Sie ihn nach dem Auftragen mit einer Heißluftpistole nochmals erhitzen.

Vorlagen siehe Vorlagenbogen Seite A

FROHES
FEST

Adventskalender

Dieser prächtige Adventskalender macht deutlich sichtbar, wie das »Frohe Fest« heranrückt, denn die Girlande wird täglich mit einem neuen Anhänger geschmückt. Die Anhänger allein sind auch als Schmuck für den Tannenbaum oder ein Tannengesteck geeignet.

Material und Vorbereitung

Die roten Schleifen sind aus 8 mm dickem Sperrholz zugesägt, die Girlande wird aus 18 mm dickem Fichtenleimholz heraus gesägt, die Anhänger entstehen aus einem 14 mm dicken Bastelbrett (Massivholz). Für die Anhänger benötigen Sie außerdem einen Rundstab (Durchmesser 8 mm) aus Holz. Markieren Sie 24 Abschnitte zu je 20 mm Länge an dem Stab und bohren durch jeden Abschnitt ein Loch mit 4 mm Durchmesser. Anschließend werden die Abschnitte abgesägt. An der Girlande bringen Sie an den in der Vorlage markierten Stellen Bohrungen von 8 mm Durchmesser und etwa 10 mm Tiefe für die Anhänger an. Die Löcher später mit Tusche schwarz ausmalen.

Für die Gesamtaufhängung muß die Girlande rechts und links im Bereich der Schleifen (siehe Markierung in der Vorlage) mit einem 10 mm-Bohrer durchbohrt werden. Mit einem 6 mm-Bohrer bohren Sie von der Sägefläche her auf die vorige Bohrung zu (siehe Schemazeichnung in der Vorlage).

Für jeden Anhänger an der Oberkante ein 4 mm großes Loch bohren, in dem später die Schnur befestigt werden kann.

Farben

- ✔ Krapprot
- ✔ Echtpurpur
- ✔ Phthalogrün
- ✔ Kadmiumgrün
- ✔ Kadmiumgelb hell
- ✔ Preußischblau
- ✔ Goldperl
- ✔ Tannengrün

Bemalung

Alle Anhänger werden in der gleichen Farbkombination bemalt:

- ✔ mit Rot, flüssig gemischt aus 2 mm Krapprot und 2 mm Echtpurpur
- ✔ mit Grün, flüssig gemischt aus 2 mm Phthalogrün und 2 mm Kadmiumgrün
- ✔ mit Gold, aus 3 mm Goldperl flüssig angerührt

Die Trommel benötigt zusätzlich eine Pinselspitze voll Kadmiumgelb hell.

Welche Flächen mit welcher Farbe versehen werden, entnehmen Sie den Fotos. Konturen werden mit Feder und Tusche aufgezeichnet, ebenso tragen Sie die Zahlen ein. Achten Sie darauf, daß jeder Anhänger die in der Vorlage angegebene Zahl erhält.

Die Bänder der Girlande mit Krepp abdecken und die verbleibende Fläche mehrfach mit 5 cm Tannengrün flüssig bemalen. Nachdem Sie den Krepp entfernt haben, werden die Bänder der Girlande und die beiden Schleifen mit der flüssigen Mischung aus 10 mm Krapprot und 10 mm Echtpurpur eingefärbt. Die gepunkteten Flächen in der Vorlage für die Schleifen mit roter Farbe übermalen, der Sie sehr wenig Preußischblau zugesetzt haben.

Fertigstellen

Knoten Sie ein 55 cm langes rotes Satinband an die Girlande und kleben Sie die Holzschleifen mit der Klebepistole auf. Mit Goldlackstift werden an den in der Vorlage angegebenen Stellen die Zahlen an die Bohrungen geschrieben.

Für die Anhänger benötigen Sie dünne schwarze Kordel (5 m Länge). Schneiden Sie für jeden Anhänger die in der Vorlage angegebene Kordellänge zu. Ein Ende jeweils mit einem Knoten versehen, den Sie mit der Klebepistole in den Anhänger einkleben. Das andere Ende fädelt man durch das mit Tusche geschwärzte Rundholz und schlingt dann einen dreifachen Knoten.

Vorlagen siehe Vorlagenbogen Seite A

Nikolaus & Co.

Stellen Sie diese Nikoläuse doch einmal in verschiedenen Größen und Farben her und lassen Sie sie über Ihre Fensterbank marschieren! Sie sind so einfach herzustellen, daß Ihnen auch bei einer »Großfamilie« der Spaß erhalten bleibt.

Material und Vorbereitung

Die Nase für die zwei unterschiedlichen Gesichter und die Knöpfe entstehen aus halbierten Holzperlen, die mit Tusche geschwärzt werden. Die Stärke der Fußplatte entspricht der Holzstärke vom Nikolaus; auch die Breite ist dieselbe. Die Tiefe der Platte beträgt 3,5 cm.

Bemalung

Die Werkstücke werden ausnahmsweise nicht grundiert. Kopieren Sie mit dünnem Strich das Gesicht auf das fein geschliffene Holz; dann werden mit weißer Dispersionsfarbe in mehreren Schichten der Bart und die Augen aufgemalt. Lackieren Sie jetzt mit Klarlack das gesamte Gesicht und zeichnen Sie danach mit Tusche die Pupillen, die Augenbrauen und nach Wunsch den Mund auf. Nun können Mütze und Mantel eingefärbt werden.

Vorlagen siehe Vorlagenbogen Seite A

Farben

- ✔ Roter Niko – Mischen Sie 10 mm Karminrot mit 10 mm Kadmiumrot dunkel flüssig an. Malen Sie zwei Schichten auf.
- ✔ Blauer Niko – Bemalen Sie das Holz einmal mit 15 mm Kobaltblau flüssig.
- ✔ Grüner Niko – Verwenden Sie 15 mm Phthalogrün flüssig.

Fertigstellen

Zum Schluß werden die Halbkugeln mit der Klebepistole ins Gesicht und auf den Bauch geklebt. Der Durchmesser der Kugeln liegt zwischen 6 und 12 mm.

Mit einem Bohrloch durch die Mützenspitze und einem Band oder Schnur versehen, kann der Nikolaus auch als lustiger Geschenkanhänger fungieren. Vielleicht lassen Sie ihn ausnahmsweise auch von der Decke baumeln, tragen ihn als Krawatte oder freunden sich auf andere Weise mit ihm an...

Sternenhimmel

Was wäre Weihnachten ohne Sterne? Auf diesen bunten Sternen, die mit glitzernden Schleifen noch edler wirken, funkeln goldene Muster.

Material und Vorbereitung

Es stehen drei Größen zur Wahl (siehe Vorlagen). Die Muster können Sie auf alle Größen übertragen.

Tip

Die Bohrung für den Rundstab gelingt exakt, wenn Sie eine Sternspitze an der Rückseite etwa 7 mm absägen, so daß eine gerade Bohrfläche entsteht. Auf der Vorderseite darf davon nichts zu sehen sein.

Farben und Bemalung

- ✔ Roter Stern – Mischen Sie 4 mm Echtpurpur mit 4 mm Krapprot wäßrig an. Drei oder vier Schichten übereinandermalen.
- ✔ Gelber Stern – Mit 4 mm Kadmiumgelb hell und 1 mm Echtorange wäßrig gemischt drei oder vier Schichten übereinander malen.
- ✔ Grüner Stern – Mit der Farbmischung aus 4 mm Phthalogrün und 1 mm Kadmiumgelb hell bemalen.

Zum Schluß legen Sie Patina (nähere Hinweise siehe Seite 14) über alle Sterne. Die Muster nach dem Trocknen mit Goldlackstift aufmalen.

Vorlagen siehe Vorlagenbogen Seite A

Tannenhain

Auch ungeschmückt sehen diese Holztannen in verschiedenen Größen attraktiv aus. Die Bäumchen lassen sich – wie hier – zu einem Wald gruppieren oder können andere bunte Dekorationen ergänzen. Sie werden mit Fuß oder auf einem kreisrunden Brettchen montiert.

Bemalung

Die gesamte Vorderseite zweimal mit 12 mm Tannengrün flüssig übermalen. Anschließend legen Sie Patina (siehe Seite 14) auf den Baum.

Vorlagen siehe Vorlagenbogen Seite A

Nikolaus mit Rute

Farben

- ✔ Krapprot
- ✔ Fleischfarbe
- ✔ Indigo
- ✔ Tusche
- ✔ Goldstift

Bemalung

Den Nikolaus zweimal grundieren; anschließend kopieren Sie die Konturen auf und grundieren nochmals mit weißer Dispersionsfarbe. Bart, Mützenrand, Mützenende, die Rute samt Handschuh und der Rand unterhalb des Mantels werden nun mit Krepp abgedeckt. Mantel und Mütze können Sie so in drei Schichten mit 10 mm flüssigem Krapprot bemalen. Nach dem Trocknen entfernen Sie den Krepp und bemalen das Gesicht mit 1 mm Fleischfarbe flüssig.

Mit schwarzer Tusche und Pinsel werden dann die Stiefel, Knöpfe und Konturen aufgemalt. Verdünnen Sie eine Pinselspitze voll Indigo mit sehr viel Wasser; damit gestalten Sie die Bartlocken und den Mützenrand. Das Bäckchen wird mit etwas Krapprot wäßrig aufgebracht.

Überziehen Sie den ganzen Nikolaus mit Patina (nähere Hinweise siehe Seite 14) und zeichnen Sie schließlich mit einem Goldstift die Muster auf Mütze und Mantel ein.

Vorlage siehe Vorlagenbogen Seite A

Schneeflocken

Schneeflocken sind in ihrem Variantenreichtum kleine Wunderwerke der Natur. Wie vielseitig selbst auf der Basis von nur zwei Grundmustern die farbige Gestaltung ausfallen kann, zeigen Ihnen diese Beispiele.

Material und Vorbereitung

Sägen Sie die Schneeflocken aus 8 mm dickem Sperrholz zu; die Größen können Sie am Kopiergerät beliebig verändern. Bevor Sie auf der Vorder- und Rückseite mit der Bemalung beginnen, wird das Holz rundherum dreimal grundiert.

Farben

- ✔ Silbergrün – aus 5 mm Silber mit 1 mm Phthalogrün, flüssig gemischt
- ✔ Silberblau – aus 5 mm Silber mit 1 mm Phthaloblau und 1 mm Ultramarin, flüssig gemischt

Die übrigen Flächen sind in Silber oder Goldperl angelegt.

Bemalung

Zum Bemalen übertragen Sie die Innenlinien aus der Vorlage auf das grundierte Werkstück. Durch Weglassen bestimmter Linien oder Hinzufügen von Teilelementen können Sie das Muster vielfältig variieren. Orientieren Sie sich dabei an den Abbildungen. Alle Flächen werden im Umriß mit Gold- oder Silberlackstiften nachgezogen.

Fertigstellen

In die Sägefläche ein Loch mit 4 mm Durchmesser bohren; dort kleben Sie einen Aufhänger ein.

Vorlagen siehe Vorlagenbogen Seite A

Schneemänner

Da freuen sich zwei weiße Kerlchen ganz mächtig, daß es endlich wieder Winter ist! Und weil die beiden aus »hartem Holz geschnitzt« sind, können ihnen weder Sommer noch Kerzen etwas anhaben. Beim Gesteck hat die lange Möhrennase die Farbe vorgegeben.

Material und Vorbereitung

Sägen Sie das Objekt zweimal aus. Weiter benötigen Sie ein 14 mm dickes Brettchen mit den Maßen 26 x 7 cm und von demselben Holz drei 7 x 6,5 cm große Brettchen. Diese drei werden mit Weißleim (Ponal) so übereinander geleimt, daß ein Block entsteht. Mit einem 10 mm-Bohrer wird dieser Block von den Stirnseiten her mehrfach durchbohrt; hier kann man später Tannenzweige einstecken.

Farben

- ✔ Kadmiumorange
- ✔ Kadmiumgelb hell
- ✔ Kobalttürkis
- ✔ Tannengrün
- ✔ Goldperl
- ✔ Tusche
- ✔ Silberstift

Bemalung

Die Vorderseiten dreimal grundieren; anschließend decken Sie mit Krepp die Muster auf den Schals ab.

Für die Nasen verwenden Sie 2 mm Kadmiumorange cremig, für die Handschuhe und den Hutrand mischen Sie dem Orangerest Kadmiumgelb hell zu. Nun werden die Schals mit Kobalttürkis 3 mm flüssig bemalt. Hut, Knöpfe und Gesicht malen Sie mit schwarzer Tusche auf.

Zum Schluß den Krepp wieder entfernen und alle Konturen mit Silberlackstift umfahren.

Die Tanne wird mit 8 mm Tannengrün flüssig bemalt, Fuß und Stern legen Sie mit Goldperl flüssig an. Auch hier werden die Konturen mit Silberstift nachgezogen; mit Silber auch die Sternchen auf den Baum malen.

Fertigstellen

Kleben Sie den schwarz gefärbten Block mit der Klebepistole oder mit Alleskleber in die Mitte des langen Brettchens und setzen Sie dann seitlich die fertigen Schneemannteile an.

Auch einzeln ausgesägt und nach Wunsch verziert, verbreiten die wackeren Schneemänner fröhliche Winterstimmung.

Tip

Der Klebstoff aus der Klebepistole muß bei der Verarbeitung sehr heiß sein, damit die notwendige Haftung gewährleistet ist. Sollte die Temperatur nicht ausreichend sein, können Sie ihn nach dem Auftragen mit einer Heißluftpistole nochmals erhitzen.

Vorlagen siehe Vorlagenbogen Seite A

Rauscheengel

Engelsglanz für die kurzen Wintertage! Mit zwei Kerzen ausstaffiert, sorgt diese stimmungsvolle Dekoration für warmes Licht im Raum.

Farben

- ✔ Goldperl
- ✔ Silber
- ✔ Krapprot
- ✔ Preußischblau
- ✔ Fleischfarbe
- ✔ Tusche

Bemalung

Grundieren Sie die Vorderseite des Engels zweimal; anschließend die Innenlinie übertragen und nochmals grundieren. Decken Sie mit Krepp alle Ränder ab, die die Ärmel und den unteren Rock begrenzen. Nun können Sie mit 8 mm Goldperl flüssig die Ärmel und den unteren Rock mehrfach übermalen. Kopieren Sie dann die Streifen neu auf und übermalen Sie jeden zweiten mit 6 mm Silber flüssig. Den Krepp entfernen und mit 4 mm Krapprot die Schleife und den Kragen malen. Für die Schleifenkonturen fügen Sie dem wäßrigen Rot ganz wenig Preußischblau hinzu.

Hände und Gesicht bemalen Sie mit 1 mm Fleischfarbe wäßrig. Für Augen, Mund und die Zackenkanten verwenden Sie schwarze Tusche. Die Haare werden mit wäßrigem Silber 2 mm eingefärbt, die Locken mit flüssigem Silber aufgemalt. Das Haarband und die Sternchen auf dem Kleid mit 4 mm Goldperl flüssig anlegen.

Abschließend wird der Engel mit Patina (nähere Hinweise siehe Seite 14) überzogen.

Fertigstellen

Sägen Sie zwei 3 mm dicke Sperrholzbrettchen mit den Maßen 25x25 mm zurecht; daneben benötigen Sie für den Fuß ein rundes Brettchen mit 11 cm Durchmesser. Kleben Sie dann die kleinen eingeschwärzten Quadrate als Kerzenständer auf die Hände und achten Sie darauf, daß die Flächen waagerecht sind.

Vorlage siehe Vorlagenbogen Seite A

Die Weihnachtskrippe

Auch in einer kleinen Wohnung braucht man auf eine Krippe in der Weihnachtszeit nicht zu verzichten. Dieses mehrstöckige Krippenhaus bringt alles, was zum Weihnachtsgeschehen dazugehört, unter ein Dach und beansprucht trotzdem wenig Raum. Mit einer Lichterkette hinterlegt, paßt das dekorative Ensemble auch auf eine Fensterbank.

Material und Vorbereitung

(siehe auch Abbildung Seite 34/35)

- ✔ 2 Metallrundstäbe, Ø 3 mm, je 7 cm lang, für den Stern und den Engel
- ✔ 1 Messingglöckchen, Ø unten maximal 4,5 cm
- ✔ 1 Häkchen zur Aufhängung für die Glocke und 10 cm Kordel als Glockenseil
- ✔ 18 x 4,5 cm Sperrholz, 3 mm dick, für den Zwischenstock im Stall
- ✔ 67 x 8 cm Bastelbrett, 14 mm dick, als Grundplatte
- ✔ Leimholz, 18 mm dick, für die Figuren

Die folgenden Holzteile für das Haus lassen Sie sich am besten in einer Zimmerei oder beim Schreiner in den angegebenen Maßen zuschneiden. Mit der Stichsäge sägen Sie die Elemente dann laut Vorlage weiter zu.

- ✔ 33 x 22 cm Fichtenholz (ungehobelt), 30 mm dick, für das Dachgeschoß
- ✔ 62 x 22 cm Fichtenholz (ungehobelt), 40 mm dick, für den ersten Stock
- ✔ 33 x 20 cm Fichtenholz (ungehobelt), 40 mm dick, für den Glockenturm
- ✔ 31 x 6 cm Fichtenholz (ungehobelt), 40 mm dick, für das Dach
- ✔ 63 x 15 cm Fichtenholz (ungehobelt), 50 mm dick, für das Erdgeschoß

Die Säule im ersten Stock wird mit der Feile vorne gerundet. Die Oberflächen vor der Bemalung nicht schleifen, nur die Sägekanten feilen Sie etwas glatt.

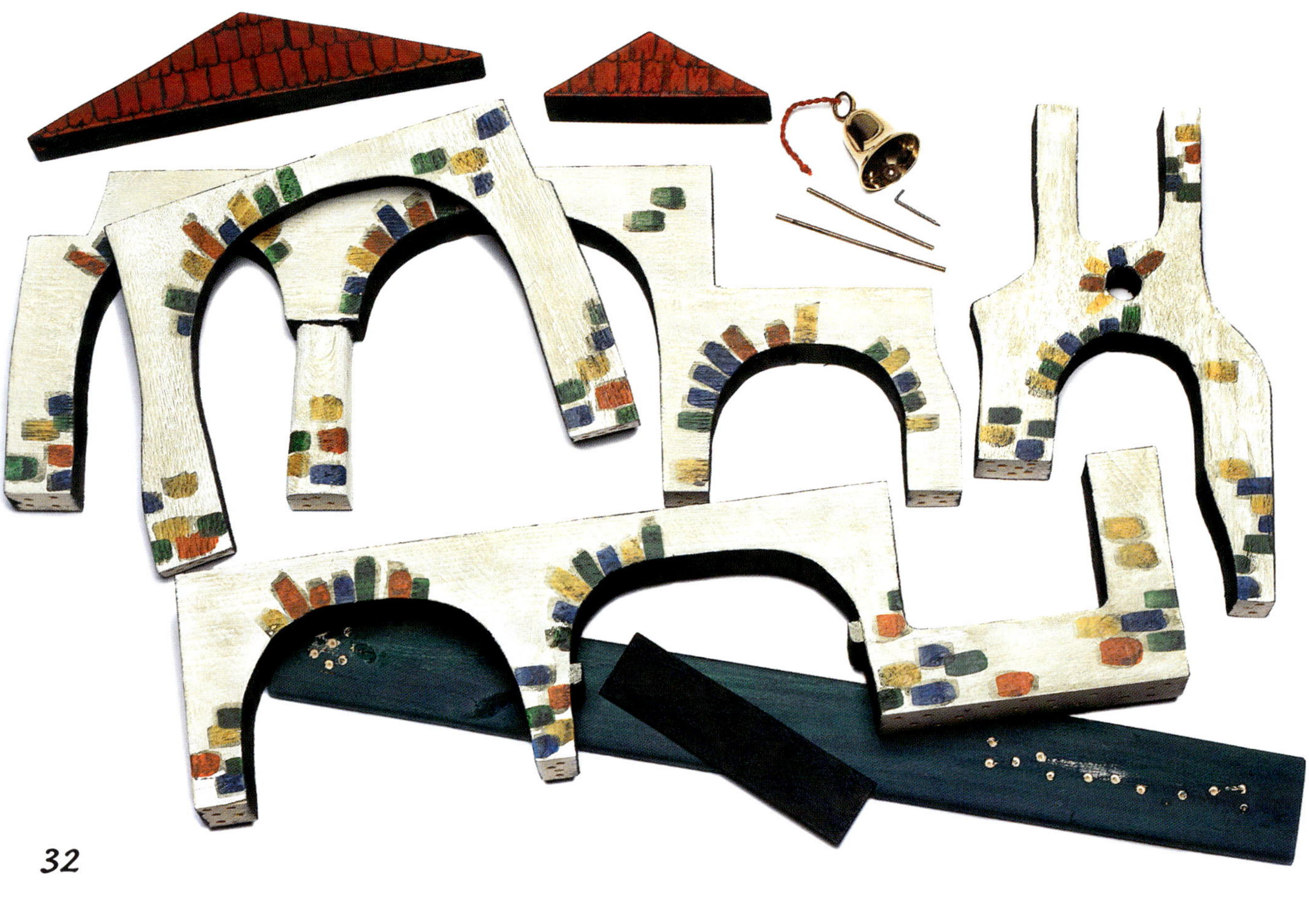

PAU

Farben und Bemalung

Die Hausteile streichen Sie auf der Vorderseite zweimal dick mit weißer Dispersionsfarbe ein und setzen dann, während Sie die Figuren bemalen, mit den Farbresten jeweils die Ziegelsteine in Orange, Gelb, Grün und Blau auf. Orientieren Sie sich dabei an den Abbildungen auf Seite 32 und 33.

Zum Bemalen der Figuren und übrigen Teile benötigen Sie:

- ✔ Kadmiumgelb hell – für die Kronen der Könige, den Stern und die Auren
- ✔ Fleischfarbe – für die Gesichter und Hände

Vorlagen siehe Vorlagenbogen Seite B

- Echtorange – für Nasen und Bäckchen, die Jacke eines Königs und das Muster im Stern
- Karminrot – für die Münder, die Dächer und die Jacke eines Königs
- Umbra gebrannt – für Josefs Bart und die Haare, für Kaspars Gesicht und sein Pferd, für die Krippe, den Hirtenstab, für das Huhn, den Ochsen und den Baumstamm

- Titanweiß – für die Krippendecke, die Schafe, ein Pferd und die Engelsflügel
- Grau – für den Esel, ein Pferd und den Hasen
- Kobaltblau dunkel – für Marias Kleid, das Muster auf der Krippendecke und den fliegenden Engel
- Echtviolett – für Josefs Mantel
- Tannengrün – für den Hirtenmantel, den Baum, Kaspars Jacke und die Grundplatte
- Krapprot, mit Titanweiß gemischt (ergibt Rosa) – für den Friedensengel und das Stoffmuster beim fliegenden Engel
- Olivgrün – für die Schriftrolle
- Goldperl – für den Stern
- Schwarz – für die Hosen der Könige und den Zwischenstock im Stall

Zum Schluß werden Augen und Konturen mit Pinsel und Tusche aufgemalt. Orientieren Sie sich bei der Bemalung und beim Ausarbeiten der Details auch an den Abbildungen auf diesen Seiten.

Die fertigen Figuren und Hausteile werden mit Patina belegt (nähere Hinweise hierzu siehe Seite 14). Dabei vor der Gesamtpatinierung zunächst die bunten Ziegelsteine einmal einzeln belegen. Die Krippe wirkt natürlicher und heimeliger ohne Lackierung.

Fertigstellen

Zuerst bohren Sie mit dem 3 mm-Bohrer die Löcher für den Stern und den Engel. Außerdem bringen Sie mehrere Löcher an den Flächen an, die später zusammengefügt werden. Die Löcher sorgen beim Zusammenkleben der einzelnen Elemente mit der Klebepistole für eine noch stabilere Verbindung. Der Klebstoff sollte zudem sehr heiß sein. Besonders stabil ist die Verbindung, wenn Sie den Kleber nach dem Auftragen nochmals mit einer Heißluftpistole erhitzen.

Fügen Sie auf diese Weise die Hausteile nach und nach zusammen. Am kleinen Dach wird vor dem Aufkleben noch der Haken für die Glocke befestigt. Zuletzt kleben Sie die Figuren auf.

Tip

Falls Sie nur ganz wenig Platz oder auch Zeit zur Verfügung haben, stellen Sie einfach nur das Dachgeschoß mit Jesuskind und dem Heiligen Paar auf eine 43 x 8 cm große Grundplatte (siehe Abbildung).

Fliegende Engelein

Mit etwas Fleiß können Sie einen richtigen Engelsreigen aus diesen freundlichen Wesen zaubern! Das Motiv ist wenig aufwendig in der Anfertigung und bietet sich daher für eine größere »Produktion« an.

Material und Vorbereitung

Die hängenden Engel sägen Sie aus 8 mm dickem Sperrholz, die auf den Rundstäben befestigten aus 18 mm starkem Leimholz aus.

Farben

- ✔ Kadmiumgelb hell, mit etwas Silber – für die Aura und die Flügel
- ✔ Fleischfarbe – für Arme, Füße und Gesicht
- ✔ Schwarz, wäßrig – für die Haare
- ✔ Titanweiß – für ein weißes Kleid
- ✔ Phthaloblau, mit wenig Silber wäßrig – für ein blaues Kleid
- ✔ Permanentgrün hell, mit wenig Silber wäßrig – für ein grünes Kleid
- ✔ Echtpurpur, mit etwas Titanweiß wäßrig – für ein rosa Kleid
- ✔ Goldperl flüssig – für Stern oder Kerze

Bemalung

Bemalen Sie die Engel in den Farben Ihrer Wahl. Die Abbildungen bieten Ihnen dabei Hilfestellung.

Alle Muster und Konturen werden mit Gold- oder Silberlackstift aufgemalt.

Fertigstellen

Bohren Sie für die Aufhänger zwischen Flügel und Kopf ein Loch mit 4 mm Durchmesser.

Sollen die Engel auf Rundstäben befestigt werden, benötigen sie ein 6 mm großes Loch an der Brust und einen Standfuß.

Vorlagen siehe Vorlagenbogen Seite B

Nußknacker

Her mit den Nüssen! Jetzt wird geknackt. Dieser stramme General ist ernsthaft bei der Sache, auch wenn er sich in Wirklichkeit ein wenig schwertut.

Farben

- Permanentgrün hell
- Kadmiumgrün
- Echtorange
- Neapelgelb dunkel
- Krapprot
- Kadmiumrot dunkel
- Tusche
- Goldlackstift

Bemalung

Für die Jacke mischen Sie 8 mm Permanentgrün hell mit 5 mm Kadmiumgrün flüssig an. Haare, Bart und Gesicht werden mit wenig Echtorange sehr wäßrig überlasiert. Bemalen Sie die Stulpen, Schultern und die Rauten auf dem Helm mit der flüssigen Mischung aus 3 mm Echtorange und 1 mm Neapelgelb dunkel. Mit demselben Farbton kräuseln Sie die Locken auf Haar und Bart.

Jetzt mischen Sie 3 mm Krapprot mit 2 mm Kadmiumrot dunkel flüssig an und bemalen damit alle roten Flächen (siehe Abbildung). Mit Tusche werden der Helm, die Stiefel und die Pupillen angelegt. Verdünnen Sie etwas Tusche mit Wasser und zeich-

nen Sie damit die Konturen an Zähnen, Augen und Jacke auf. Zum Schluß werden mit Goldlackstift die restlichen Muster und Konturen eingetragen (siehe Abbildung).

Fertigstellen

Kleben Sie eine halbierte rote Holzperle als Nase ins Gesicht und befestigen Sie den General auf einem laut Vorlage ausgesägten Brettchen.

Vorlagen siehe Vorlagenbogen Seite B

Nußknackerkönig

Der Nußknackerkönig sieht etwas freundlicher und sanfter aus als sein Kollege auf Seite 39. Für die Arbeit hat er ja seine Untergebenen.

Farben

- ✔ Fleischfarbe
- ✔ Krapprot
- ✔ Kadmiumrot dunkel
- ✔ Kadmiumgelb hell
- ✔ Echtorange
- ✔ Goldperl
- ✔ Tusche

Bemalung

Grundieren Sie den ausgesägten König zweimal; anschließend die Innenlinien übertragen und nochmals grundieren. Färben Sie nun Gesicht und Hände mit 2 mm Fleischfarbe flüssig ein. Für die Hose und Schultern bereiten Sie eine flüssige Mischung aus 5 mm Krapprot, 2 mm Kadmiumrot dunkel und wenig Echtorange vor. Die Weste wird mit 3 mm Kadmiumgelb hell bemalt, dem Sie etwas von dem vorher angemischten Rot zugeben. Für den Gürtel verwenden Sie 1 mm Echtorange.

Mit schwarzer Tusche werden jetzt die Augen, die Streifen auf der Brust und die Stiefel angelegt. Verdünnen Sie die Tusche mit viel Wasser und lasieren Sie damit die Haare; außerdem alle Konturen und die Hermelinspitzen auf den Ärmeln in diesem Grauton aufmalen. Mit 5 mm Goldperl flüssig werden zum Schluß die Krone, die Gürtelschnalle und die Muster gemalt (siehe Abbildung).

Fertigstellen

Der König steht auf einem laut Vorlage zugesägten und schwarz bemalten Brettchen.

Vorlagen siehe Vorlagenbogen Seite B

Weihnachtskater

Nicht nur die Räume werden in der Weihnachtszeit geschmückt. Zum Fest sollten Sie auch nicht vergessen, dem Hauskater eine feine Sternchenschleife überzustülpen!

Material und Vorbereitung

Die Schleife wird extra auf 8 mm dickes Sperrholz kopiert, zugesägt und nach dem Bemalen aufgeklebt. Die Abbildung zeigt verschiedene Größen: Verkleinern bzw. vergrößern Sie die Vorlage dazu um jeweils 20 Prozent.

Farben

- ✔ 3 mm Schwarz mit 1 mm Preußischblau und 1 mm Silber flüssig angemischt – für einen schwarzen Kater
- ✔ wäßriges Phthalogrün 5 mm zweimal lasieren – für einen grünen Kater
- ✔ 5 mm Krapprot mit 5 mm Echtpurpur wäßrig anmischen und dreimal lasieren – für einen roten Kater

Für die Schleifen verwenden Sie gleichfalls die oben angegebenen Farben. Zum Aufmalen der Sternchen und Konturen setzen Sie der Farbe jeweils etwas Preußischblau zu.

Bemalung

Übertragen Sie zunächst nur die Augen auf das grundierte Werkstück und decken Sie diese mit Krepp ab. Nach dem Bemalen entfernen Sie den Krepp und kopieren die restlichen Innenkonturen. Diese Linien werden mit einem dicken Goldlackstift nachgezogen.

Fertigstellen

Kleben Sie die Schleife auf den Kater auf und befestigen Sie ihn auf einem länglichen Brettchen (siehe Vorlage).

Vorlagen siehe Vorlagenbogen Seite B

Schaukelpferdchen

Diese drei Schimmel in verschiedenen Größen erfreuen jedes Kinderherz und sorgen für nostalgische Stimmung. Die Pferdchen haben jeweils ein Geschenk dabei, das vom Adventskalender (siehe Seite 18) stibitzt ist.

Material und Vorbereitung

Am Kopiergerät vergrößern Sie die Vorlage für das kleinste Pferdchen nach Belieben. Mit den Geschenken (Vorlagen vom Adventskalender, Vorlagenbogen Seite A) verfahren Sie genauso.

Damit Sie die Fläche unter dem Bauch der Tiere aussägen können, bohren Sie ein Loch mit 10 mm Durchmesser in die Mitte. Das Sägeblatt durch diese Öffnung hindurchstecken, wieder in die Säge einspannen und dann nach außen und an der Kontur entlang sägen.

Farben und Bemalung

Grundieren Sie das Pferdchen mehrfach mit weißer Dispersionsfarbe.

Der Schimmel mit der Trommel wird in Karminrot und Phthalogrün bemalt. Für die Trommel verwenden Sie dieselben Farben (siehe Abbildung). Für das Pferd mit dem Sack verwenden Sie Kadmiumgelb und Ultramarinblau, das Trompetenpferdchen wird in Kadmiumrot und Kadmiumgrün angelegt.

Zeichnen Sie zum Schluß die Konturen von Mähne, Gesicht und Schweif mit schwarzer Tusche ein, die Sattel- und Schaukelkonturen werden mit Goldstift eingetragen.

Fertigstellen

Die fertig bemalten Geschenke leicht schräg an der Schaukel festkleben; sie dienen als Stütze, damit das Pferdchen fest stehen kann.

Vorlagen siehe Vorlagenbogen Seite A (Adventskalender) und B

Kerzen mit Sternen

Eine Kerzengruppe als richtiger »Dauerbrenner« – kein Ruß und kein tropfendes Wachs schmälern die Freude! Die extra gefertigten Sterne verleihen dem Arrangement seine Standfestigkeit.

Material und Vorbereitung

Die Gruppe besteht aus einer dicken, kurzen und drei schlankeren Kerzen, die Sie anhand derselben Vorlage in den Längen 19,5 cm, 14 cm und 10,5 cm zusägen. Hinzu kommen passende Sterne aus 8 mm dickem Sperrholz: zwei große, vier mittlere und zwei kleine.

Bemalung

Die Kerzen jeweils zweimal komplett grundieren; anschließend übermalen Sie nur den Kerzenschaft mit einer Mischung aus 6 mm Titanweiß und 2 mm Neapelgelb cremig. Der Flammenrand wird mit Kadmiumgelb angelegt. Mischen Sie dann etwas Goldperl zum Gelb und malen Sie damit die Konturen der Flamme nach. Mit Goldperl bringen Sie die Konturen am Flammenteller auf. Den Docht mit Schwarz einzeichnen. Zuletzt legen Sie Patina (nähere Hinweise siehe Seite 14) über die gesamte Fläche.

Die Sterne werden mehrfach in Kadmiumrot bemalt. Auch hier Patina auflegen und danach mit Goldstift die Ränder nachziehen.

Fertigstellen

Die beiden längeren Kerzen bekleben Sie vorne mit einem großen und hinten mit einem mittelgroßen Stern. Den kleineren Kerzen wird jeweils ein mittelgroßer und ein kleiner Stern aufgesetzt. Die Sternspitzen müssen immer mit dem unteren Kerzenrand abschließen.

Vorlagen siehe Vorlagenbogen Seite B

Die Deutsche Bibliothek –
CIP-Einheitsaufnahme

Laubsägearbeiten Advent und Weihnachten : festlich und farbenfroh ,
mit Vorlagenbogen / Julia Niepmann. –
Augsburg : Augustus Verl., 1999
(Kreathek)
ISBN 3-8043-0665-9

Die im Buch veröffentlichten Ratschläge wurden von Verfasserin und Verlag sorgfältig erarbeitet und geprüft. Eine Garantie kann dennoch nicht übernommen werden. Ebenso ist die Haftung der Verfasserin bzw. des Verlages und seiner Beauftragten für Personen-, Sach- und Vermögensschäden ausgeschlossen.

Fotografie: Klaus Lipa, Augsburg
Lektorat: Eva-Maria Müller, Augsburg

Umschlagkonzeption:
Kontrapunkt Kopenhagen
Umschlaglayout: Melanie Gradtke

Layout: Anton Walter, Gundelfingen

AUGUSTUS VERLAG AUGSBURG 1999

Satz: Gesetzt aus 10 Legacy Book
von DTP-Design Walter, Gundelfingen
Reproduktion: GAV Prepress, Gerstetten
Druck und Bindung: Appl, Wemding
Gedruckt auf 135 g/m² umweltfreundlich
chlorfrei gebleichtes Papier.

ISBN 3-8043-0665-9

Printed in Germany